JN410167

눈부신 동행

金映希시집

국립중앙도서관 출판시도서(CIP)

눈부신 동행 / 지은이: 金映希, --서울 : 土房, 2014
P. ; cm

ISBN 087-89-87066-94-3 03810 : ₩8000

한국 현대시[韓國 現代詩]

811.7-KDC5
895.715-DDC21 CIP2014016733

시인의 말

사랑은 절벽에 피어난 달콤한 꽃이다.
그 달콤한 꽃을 따기 위해
누구나 절벽에 오를 수는 없다.
다만 죽음을 무릅쓰고라도
기어오를 수 있는 용기, 그런 사람에게만
달콤한 꽃은 주어진다.
진정한 사랑은
그래서 더 값어치가 있는 것이다.

너무 오래 헤매었다.
세 번째 시집 이후 십년 만에 돌아온 옛집,
다시 네 번째의 시집을 엮으면서
그 집에서 마음껏 젖어보는 작은 평화,
소소한 일상들이 고맙고 또 감사하다.
더불어, 그들과 함께 눈부신 동행이 되고 싶다.

2014년 5월
金映希

차 례

1 엄마생각

2 봄을 구경하다

차 례

3 하이힐을 보며

4 어떤 해법(解法)

차 례

5 혼자서 간직하는 것

1

엄마 생각

담쟁이 · 1

언제부턴가 남의 집 담벼락을
떡! 하니 차지하고
한 뼘 한 뼘을
그물처럼 얽어가며
끝없이 넓혀가는 저 영역

'세계경제위기'라는 아우성에도
눈 하나 깜짝 않고
순식간에 담벼락을 뒤덮어
거뜬하게 세상을 뛰어넘는 저 수완

시퍼런 그 오기가
마냥 부럽다.

담쟁이 · 2

끈끈한 정인가?
죽음을 불사한 혈맹인가?

손에 손 맞잡고
집채 만 한 담벼락을
악착같이 기어오른다

목 줄기를 죄어오는 불볕 아래서도
한 마디 불평불만도 없이
묵묵히 뻗어가는 저 지혜

울음도 삼키고
웃음도 잃지 말고
살다보면 언젠가
뜨거운 숨결 불어오는
그날 있으려니…

마음 단단히 가지라
말없이 타이르네.

혼자 가는 길

— 시인에게

눈부신 태양아래서도
눈 시린 겨울하늘 아래서도
나는 늘 혼자였다

그저 묵묵히
앞으로 앞으로만 나아가는
무소의 뿔처럼
길은 늘 혼자였다

오래 낯익어
숨소리 같은 모국어 하나 의지하여
수없이 매만지고 다듬으며
더듬더듬 걸어가는 길

길은 언제나 미로였다.

목탁소리 들리는 집·1

마치 불속을 뛰어든 듯
온 몸 뜨겁게 환청처럼 감겨오는
푸른 새벽 목탁소리

무슨 전생(前生)의 연(緣)인지
아님 그 무슨 숙연(宿緣)인지
이사 가는 곳마다
목탁소리 들리는 집

이승의 텅 빈 뜨락이
마냥 호젓한 새벽 4시
무망중에 듣는 저 상당법문(上堂法問).

목탁소리 들리는 집·2

수없는 봄여름 가을 겨울…
돌아보면
속절없이 지나온 내 비틀걸음

바람 불지 않아도
날마다 서걱대는 내 안의 갈대밭
어설프게 껴안은 세상의 어질머리가
달뜬 미열처럼 흔들린다

나는 언제 하늘에 목숨 걸고
뜨거운 눈물의 사막을 걸어 본 적 있었던가
나는 언제 하늘에 간절히 매달려
깊고 깊은 속울음의 강을 건너 본 적 있었던가

그래, 이쯤에서 알고 보니
함부로 할 수 없는 말과 행동들이 너무 많다는 걸－
세상에 있으면서
나는 세상을 너무도 몰랐었구나

오늘도 번쩍
내 이마를 후려치는
흥천사(興天寺)* 범종소리.

* 흥천사 : 태조 이성계가 아내 신덕왕후의 극락왕생을 빌기 위해 지은 절(1396년). 서울 성북구 정릉에 있다.

봄 산

우수·경칩 다 지났는데
아직도 하얗게
눈으로 뒤덮인 골짜기

새들은 쉼 없이 봄을 재잘대는데
하루 종일 사람은 보이지 않고
산만 홀로
적막하다.

가을 소주

백로(白露) 지나고 찬이슬 내리더니
창 너머 북악의 단풍은
날마다 색색의 비단 필(匹)을 펼쳐댄다

바람은 자주 쓸쓸하고
헝클어진 틈새로 조금씩 파고드는
뒤숭숭한 속내를
참이슬로 풀어본다

파르르 떨리는 눈가
거친 손 마디마디 내려앉는
건조한 이 가을

'가을 소주' 네가 있어
마음이 조금 눅눅해지고
헐거워진다.

엄마 생각

벌떼처럼 쏟아지던 소리들이 가라앉고
세상의 사물들이 가장 낮은음자리로
내려앉은 한밤중
머리맡의 작은 등불 저 홀로 밝다

물먹은 솜처럼 축 처진 몸에도
날카로운 끝으로 파고드는
오직 한 생각
'당신을 사랑합니다.'
'당신이 있어 행복합니다.'

평생을 청맹과니처럼
가슴 다 비우고
온 몸의 살과 뼈, 피와 눈물
우리들 칠남매에게 다 내어주고
눈 먼 듯, 귀먹은 듯, 말 못하는 벙어린 듯—
이제는 돌장승 마냥 서 있습니다.

나의 어머니
수인심(秀仁心) 보살님!
당신이 바로 관세음보살이십니다.

아버지 생각·3

—꽃비를 보다

바람 불 때 마다 우수수
벚꽃 잎 하얀 꽃비가 천지에 흩날립니다.

하고 싶은 말들은 까마득 접어둔 채
눈길은 온종일 창가에 매달려
하염없이 쏟아지는 꽃비를
눈 시리게 바라봅니다.

생각은 이따금 산을 넘고 강을 건너
서역(西域) 그 어디쯤, 아버지 계신 나라로
미칠 듯, 미칠 듯이 뛰어갑니다.

4월이 다 갔는데도
세상은 아직도 춥고 외로운 소식들
오늘도 숱한 안부를 전해 보지만
끝내 대답 없는 20여 년
얼마를 더 절절히 아파하면 닿을 수 있는 걸까요?

엉기는 마음의 이랑마다
수도 없이 피어나는 찔레꽃 무더기
별빛보다 더 어지러운 5월입니다.

아버지 생각·4

— 가랑비

꽃피고 잎 피어
날마다 문 앞을 환히 밝히는데
지금은 어느 나라, 어디쯤 계시는지요?
이제는 알 수도
전할 수도 없는
당신의 먼 먼 안부

오늘처럼 가랑비
온종일 가랑가랑 내리는 날이면
당신의 야무진 그 눈매
카랑카랑하던 그 목소리
가슴 굽굽이 물길을 이룹니다.

그 무슨 인연이었길래
잠시 머물다 떠나간 그 자리에
봄풀처럼 파릇파릇 돋아나는 생채기
오늘 유난히
뜨건 눈물 한 점이 불티로 내려앉습니다.

하늘 위의 하늘

—음악에 기대어·1

낮달 걸린 빈 하늘
하염없이 쳐다본다.

마른하늘에 더러 천둥으로 울고 번개로 내리치던 두렵고 막막한 그 시간들. 그러나 어느 곳에도 내 편은 없었다. 세상 천지에 좋은 말, 옳은 말, 달콤한 말은 홍수처럼 넘쳤지만 서느런 외로움은 혼자서 깊은 골짜기를 이루었다.

한때 활시위처럼 팽팽하던 오기도 이제는 반쯤은 체념하고, 헤아릴 수도 없는 아득한 낮과 밤을 시린 손으로 오직 너만을 부둥켜안고 언제부턴가 나는 너를 가장(家長)처럼 기대어 살았다

아무래도 너는
내 하늘 위의 하늘이었다.

오직 그대 한 사람

—음악에 기대어 · 2

날마다
천 길 벼랑 끝에 매달린 듯
뜨거운 낙뢰를 껴안은 듯
팽팽하게 부푼 일상입니다.

잠시라도 그대를 만나면
물기에 젖어드는 종이처럼
순식간에 수 천 수만의 현이 되어
내 허기진 실핏줄을 타고
전류처럼 온 몸으로 흘러듭니다.

몸부림치면 칠수록
목숨은 더 아프게 감겨오듯
그대 영혼은 언제나 뜨거운 숨결이 되어
수선화 노란 꽃송이로
황홀하게 피어납니다.

먼 훗날, 내 죽어서 가는 곳
그곳에서도 오직 그대 한 사람
등뼈 휘어져라
뜨겁게 뜨겁게 사랑하고 싶습니다.

마지막 기억

누군들 꿈에서조차 상상했으랴
느닷없이 들이닥친 쓰나미
처참한 폐허들이
화면 속에 둥둥 떠다닌다

칠흑 같은 어둠속에
혼자 웅크리고 앉아
짐승처럼 울부짖고 싶은 밤

수없이 생살을 꼬집어보아도
몇 며칠째 잠은 오지 않고
악몽의 검은 쓰레기더미들만이
생각의 둘레를 파고들었다

살아있다는 것
살아간다는 것…
어쩌면 백척간두(百尺竿頭)에 걸린
한 소절 구름 같은 것

이제 더는
지상의 마지막 기억이고 싶은-

목숨이 참으로 부끄러운 하루였다.

*2011년 3월 11일 일본 동쪽해안 후쿠시마에 강도 9.0의 대지진이 일어나, 그 여파로 발생한 쓰나미에 4,300여 명의 목숨을 앗아갔다. 뿐만 아니라 원전의 방사능이 유출되어 세계에서 가장 큰 인류재앙으로 기록되었다.

암자 같은 집

잎마다 가지마다
꽃향기 매달았는데
마음은 하릴없이
먼 하늘에 닿아 있다

오늘도
천 생각, 만 생각 속에
봄 하늘은 저무는 데
뒤 창 너머 정릉 숲에서
'구구절절' '구구절절' 읊어대는
산비둘기 독경소리

시정(市井)의 암자 같은 집
주인 혼자 덩그렇다.

2

봄을 구경하다

바나나

집 비워 미처 먹지 못한 바나나 몇 개
몇 며칠 그대로 식탁위에 놓여있다

사올 때만 해도
연노랑, 연초록이 들꽃처럼 환하더니
그새 노랗게 변한 온 몸 군데군데
수도 없이 돋아난 검은 반점

그런데 참 이상하지
그 반점 많으면 많을수록
속살 가득 향긋하게
단물 괴는 저 내력

먼 훗날
꽃 지고 노을 지고
별마저 지는 날
나도 누군가의 가슴속에
노란 향내 되어 스미고 싶다.

착한 기억

시크라멘, 제라늄, 수선화…
흐드러진 봄 창가
꽃들은 어지럽게
봄 하늘을 수놓는데 -

겨우내 노랗게 타들어가던 가슴
미친 듯 풀어헤치고
어질머리 세상을 온종일 헤매는
창백한 중년의 허기진 이마
오늘도 저 혼자 위태롭게 흔들린다

얼마를 더 견디고
얼마만큼 더 삼켜야
착하디 착한 기억의
봄 하늘은 열리는 걸까.

아픈 소나무

—'신세계' 분재원에서·1

'신세계?'
그러나 '신세계'는 없었다

전생에 그 무슨 죄 지었길래
금생은 저토록 엄중한 죄값인가

그 누가 채워놓은 족쇄인지
온 몸을 철사 줄로 동여매고
껍질 툭툭 갈라터진 소나무 한 그루

수십 년을 새소리, 바람소리
흙내음도 외면한 채
손바닥 만 한 수반 위에 뿌리를 박고
수없이 뒤틀리고 비틀린 저 육체

살아, 갚아야 할 그 죄 값
도대체 얼마인지…

'신세계'는 없고
봄날 아득히 저문다.

슬픈 단풍나무

—분재원에서 · 2

인간의 욕심이 빚어놓은 한 생애
그러나 그는
아무 말도 하지 않았다

마음껏 뻗지도, 숨 쉬지도 못하고
한 뼘 화분 속에
온 몸을 웅크려 굽은 저 등줄기

가지란 가지 다 잘려나가고
몸통만 덩그렇게 남았는데
그래도 주인은 자랑스럽게

"30년은 족히 되었다"며
등 굽은 단풍나무 곁에서
붉은 목청을 돋운다

'단풍(短楓)인지? 단풍(斷楓)인지?'
알 수 없는 저 이름
내 몸에 문신하듯
뼈아프게 새겨보는
슬픈 단풍나무 한 그루.

잎 진 자리마다

—국립현충원에서

바람이 불때마다
젖은 이파리들 수없이 떨어져 내립니다

열아홉 애릿한 청춘을 이곳에 묻어
이제는 점점의 하얀 애기별꽃들로 피어난
흐릿한 이름의 김○○, 이○○, 박○○…
떨리는 손끝으로 가만히 어루만져봅니다

삶이란 한 번 가고 나면 그 뿐인–
마치 손아귀 빠져나간 모래알 같은
허망한 실체
못다 푼 물음표들만이
젖은 하늘 가득
나비되어 날고 있습니다.

다시는 올 수 없는 먼 나라
그대들 잎 진 자리마다
내 마음의 꽃들은 하얗게 벙급니다.

자화상

얼굴이 하늘처럼
맑아 보이는 사람이 있는가 하면
오물을 뒤집어 쓴 줄도 모르고
대낮을 활개 치는 사람도 있다

내 얼굴은 내 스스로
죽는 그날까지
혼자서 그려가는 그림

잘 그리고
못 그리는
그 솜씨 보다
어떤 마음으로 그리느냐가 중요한 것

생(生)이란
뼈를 깎듯
스스로 경영해야 하는 것.

봄을 구경함

— 불황

세상이
꽝! 꽝! 얼어붙었습니다.
한 치 앞도 보이지 않는 안개속입니다.

향방을 잃은 사람들이
물위에도
길 위에도
부평초마냥 떠다닙니다.

꿈도 희망도
짜디 짠 소태처럼
갈증의 늪은 점점 더 깊어만 가고

날마다 봇물 터지듯,
온몸 뜨겁게 피어나는 열꽃은
참으로 감당하기 힘든 고통입니다.

그러나 때 되면 언 강물 풀리듯
'불황', '위기', '침체'라는 늪지대에서도
가녀린 생명의 꽃들이 몸을 흔들겠지요.

오늘도 하염없이
그 작은 손짓들을 마냥 기다리는
봄 한철,
봄을 구경합니다.

분갈이를 하며·1

— 소심(素心)에게

겉은 언제나 멀쩡했다

어느 날 우연히 들춰본
너의 깊고 깊은 그 속내
이토록 시커멓게 타들어
남몰래 썩고 있었다는 걸
아무도 몰랐었구나.

칼날처럼 매서운 추위도
찜통 같은 더위에도
한 마디 불평조차 하지 않아
이글거리는 불덩이 가슴에 품고 있다는 걸
아무도 눈치 채지 못했었구나.

세상살이 매운 바람을
내가 마냥 투정할 때도
너는 오직 말문을 닫고
남 몰래 뜨거운 눈물 삼키고 있었느니

그래, 미안하고 또 미안하다.

분갈이를 하며·2

하루에도 몇 번씩 들여다보면서도
내 미처
너의 속울음을 헤아리지 못했구나.

때로
마른하늘에 천둥치고 번개 치며
가슴 끝 벼랑에서 회오리가 몰아쳐도
겉으로는 의연한 척,
더러는 태연한 척 해야 한다는 걸

그래 이제는 알겠다
너의 쭉 뻗은 그 늠름함은
몸속 깊이 깨달은 지혜라는 걸.

길에서 길을 찾다

세상의 길
사람의 길
마음의 길…

수많은 길속에 갇혀 길을 찾는 나날
그러나 길은 좀처럼 보이지 않았다

하루 종일
죽은 듯 엎디어 있는 전화기
그 옆에 나도 엎디어
미로(Miro, Joan)*의 그림책을 뒤적이는
섣달그믐 날

몸과 마음이 온통
미로(迷路) 속에 갇힌 듯
노랗게 뜬 그리움이 몽환처럼 아른댄다.

* 미로(Miro, Joan. 1893~1983) : 스페인 출신의 화가. 추상미술과 초현실주의적 환상을 대표하는 미술가로 알려져 있다.

어깨에 대한 예의

태산을 옮겨놓은 듯 힘에 겨운 두 어깨
날마다 더딘 움직임 속 쑤시고 뻐근해도
나는 너를 어깨너머로 쳐다보았다.

몇 달을 혼자서 안간힘을 써대면서도
'이러다 말겠지…'하며 무시하고 따돌리던 어느 날,
드디어 꺼내든 너의 레드(Red)카드
결국 퇴로를 차단당한 채
기꺼이 두 손 들고만 나의 비겁한 투항(投降).

"너무 오래, 집중적으로 사용하다보면 이런 현상이 생깁니다.
이제부터라도 무리한 사용은 가급적 자제하는 게 좋습니다."

그래, 지극히 상식적인 그 말을 나는 왜 몰랐을까.
수십 년을 오로지 가장(家長)처럼 의지한 두 어깨
세상살이 아슬아슬한 짐을 그 위에 다 부려놓고
인정사정없이 부려먹었으니 너도 이제는 지칠 대로
지친게지.

쓸데없는 욕심, 부질없는 의욕…
더러는 조금씩 내려놓으라는 그 깊은 뜻
너로 인해 내 일상이 조금은 헐거워졌다.

저승꽃

오래 만에 나간 문학모임
평생 욕심 모르고 얼룩 없이
뼛속까지 오로지 시(詩)만 새기던 문단의 원로
그런데 얼굴이며 손등에
어룽어룽 피어난 저승 꽃

아직도 마음은 푸르고
세상의 꽃들은 저리도 찬란한데
오직 한 가지 빛깔로만 피어나는 꽃
아무리 피어 있어도 결코 향기나지 않는 꽃
한 번 피면 지지도, 시들지도 않는 꽃
그렇다고 조화(造花)는 더더욱 아닌…

한 때는 용암보다 더 뜨거운 피를 끓이며
온 몸으로 세상을 껴안던 푸른 아우성은
아직도 눅눅한 그리움으로 남았는데

군데군데 처연히
얼룩덜룩한 저승꽃 몇 송이
겨울로 가는 목덜미가 더욱 시리다.

파를 다듬으며

새봄 지나더니 몸매 더욱 실팍하다
몸에 묶었던 철사 끈을 풀고 나니
서럽지도 않은데 괜히 눈물이 난다.

가지런히 드러누운 몸을 일으켜 세워
얇은 껍질을 벗기고
실타래같이 엉킨 뿌리도 잘라낸다.

"검은머리가 파뿌리 될 때까지…"
"하늘이 그대들을 갈라놓기까지는…"

어디선가 수없이 듣던 말

두 사람이 서로 엉기고 엉겨
파뿌리처럼 되라는 것인지
그도 아니면
서로 엉기다보면 파뿌리처럼 허옇게 된다는 것인지…
아직도 알 수 없는 그 말의 정체

파를 다듬는데
서럽지도 않은데 자꾸 눈물이 난다.

개나리

보슬보슬 봄비가 내리더니
일제히 살갗을 찢으며
뾰족! 뾰족!
터져 나오는 노란 속살

뻐꾸기 울음에 무동을 타고
날마다 배시시
노란 웃음을 물고 있는
햇살의 환한 둘레

그 곁에 나도
살포시 앉아
마냥 게으르고 싶은
봄 하루.

3

하이힐을 보며

깊은 봄

깊은 봄날
하루 종일 문 닫아걸고 있어도
울리지 않는 전화벨
찾는 사람조차 없다

음악은 저 홀로 깊어가고
책을 보다가
바느질을 하다가
차를 마시다가…
혼자 있어도 넉넉한 이 즐거움

온종일 뻐꾹새만
뻐꾹! 뻐꾹!
스스로 제 이름을 부르네.

흔적 · 2

출근길에 나와 보니 간밤에 비가 지나갔나 보다. 버려진 플라스틱 통에 고여 있던 빗물이 눈물처럼 흘러내린다. 아파트의 손바닥 만 한 화단, 꽃과 나무들에도 물방울이 얹혀있다. 그래, 이쯤 되니 오는 건 잘 몰라도 가는 건 어느 정도 알아차리겠다. 제 아무리 구구절절 변명을 늘어놓아도 왔다가 가는 것은 꼭 흔적을 남기는 법.

젊음이라는 것
사랑이라는 것
눈물이라는 것
마음이라는 것…

아침 등굣길의 아이들 왁자한 소리가 봄볕에 싱그럽다.

다시 쓰는 편지

폭설 속의 몇 며칠
눈보라의 추위가
칼끝처럼 파고드는 오후입니다.

세밑의 사람들 속에서
오늘도 저만치 한 뼘씩 멀어져가는
그대의 뒷모습을 보았습니다.

그러나 아직도 흔들림은 끝나지 않았는지
밤이면 밤마다 내 마음의 창가에서는
별싸락 같은 애기별꽃들이 수도 없이 피어납니다.

숲은 언제나 호수 쪽으로 열려있듯이
오늘도 나는 그 길을 따라
꿈꾸듯 그대 곁으로 달려갑니다.

때로는 떨리는 손끝 마디마디
아픔을 짚어가며
짧지만 강렬한 의미의 편지를 써 봅니다.

어디 기다림 없이 피는 꽃이 있겠습니까
어디 향방 없이 부는 바람이 있겠습니까
어디 의미 없이 떨어지는 나뭇잎이 있겠습니까

그대여! 어느 먼 훗날
산도라지 향내 같은 햇살이 쏟아지면
우리의 지친 꿈들도 잘 여물어가겠지요.

서울·안개비

— 하늘나라 B시인에게

3월이 다 지났는데 봄소식은 아직 멀고
날마다 춥고 웅크린 서울 하늘
갈 곳 잃은 눈망울이
종일토록 안개비에 젖어 있다

적적한 다실에
찻물 끓는 소리 혼자 요란하고
멀리 너의 모습이
내 가슴 한복판에 섬처럼 떠오른다

사람 사는 일
어느 구름 따라 흘러가고
어느 물결 따라 일렁이는지
도무지 알 수 없는데…

속보처럼 날아든 너의 비보
가슴 철렁 무너져 내린다.

회오리바람

어느 날
산더미 같은 파도가 덮치면서
익숙하던 일상은
모래집처럼 허물어져 내렸다

푸른 하늘 거침없이
성큼성큼 내딛던 발자국에
느닷없이 고여 든 진흙탕 물

알 수 없어라
멀쩡한 하늘을 순식간에 휘감아버리는
회오리바람의 저 정체

인간 세상
이런 티끌 인연 있을 줄을
그 누가 알았으랴.

하이힐을 보며

신발장을 열면
마치 뾰족 침을 세워 놓은 듯
아슬아슬 간신히 버티고 있는
225mm, 나뭇잎 같은 저 조각배
한 때는 저 위에 몸을 싣고
험한 바다를 거칠 것 없이 휘저었다

아침마다 어깨 펴고 당당히 문밖을 나서면
세상은 마치 부푼 풍선처럼
'자신감' 그 하나만으로도 충분히 아름다웠다

'희망'은 저 멀리 있는 것이 아니라
손만 뻗으면 잡히는 줄 알았다
늙은 사람, 아픈 사람, 돈 없는 사람…
원래 그렇게 태어나는 줄 알았다

하이힐에 올라서서 세상을 내려다보며
순간순간을 ! 로 감탄하던 그 때
세상은 항상 내 편인 줄만 알았다

언제부턴가
도도한 그 이름 다 내려놓고
이제는 신발장 한구석에
얌전히 쪼그려 앉아있는 저 하이힐

지난 날 무모하게 내달렸던
너의 서러움을
이제는 나도 알 것 같다.

침묵의 말씀

—알링턴 국립묘지에서 · 1

뼈와 살 다 발라내고
새하얀 꽃잎으로 머뭇대는
이름 모를 그대들

끝 간 데 없이 넓고 너른 천지에
말없이 누운
그대들 뜨거운 침묵의 숨소리들만이
내 귓결에 얹힙니다.

수없이 늘어선 아름드리 고목들
휘어진 가지마다
흐드러지게 핀 목련이며 벚꽃
봄 하늘 가득
부서져라 부서져라 흩날립니다.

오늘은 내 오직
수천, 수만의 눈과 손을 가진
관세음보살 되어
빛 잃은 그대들의 세상을
한없이 굽어 살펴주고 싶습니다.

눈물 꽃

— 알링턴국립묘지에서 · 2

전혀 알지도 못합니다.
꿈에서조차
한 번 본 적도 없습니다.

이름도 모르는 낯선 땅
이역만리 먼 나라에서
누구를 위해,
왜 죽어야만 하는지도 모른 채
한 점 꽃잎처럼 목숨을 떨군
푸른 생의 푸른 그대들

비오면 오는 대로
바람 불면 부는 대로
세찬 눈보라 속
그 얼마를 대꼈기에
이제는 이름자도 희미한 돌비석
먹먹한 그 기억들을 더듬어 봅니다.

내 오늘은
투명한 시선의 눈물 꽃 하나 매달고
영원히 지지 않는 법열의 연꽃 한 송이
공손히
피워 올리고 싶습니다.

* 알링턴 국립묘지(Arlington National Cemetery) : 미국독립전쟁 때 죽은 장교들을 비롯하여 미국이 참전한 세계 모든 전쟁에서 죽은 병사들 약25만여 명이 이곳에 묻혀 있다.

길을 잃다 · 1

— 광화문에서

여름 내내
광화문 광장을 달구고 있는 촛불시위
수없는 날들을
목이 터져라 외쳐대는 저 목청들

남녀노소도 모자라 유모차에 탄 아기까지
낮밤을 가리지 않고
치열하게 내뿜는 불꽃같은 저 아우성
누구를 위한 염원이 저토록 절절한지…

해는 저물고
누렇게 뜬 얼굴들이
오늘도 갈 길 잃고 헤매는
서울의 한여름
광화문 광장.

길을 잃다 · 2

— 광화문에서

눈앞의 이익에만 급급해 화려하고 달콤한 말들을 봇
물처럼 마구 쏟아대는 정치권, 붉은 띠를 이마에 두
르고 낡은 이념들을 목청껏 부르짖는 저 군상들…,
모두가 한데 뒤엉켜 부글부글 끓고 있는 서울 한복판

몇 달을 쉬지도 않고 입속에서 시뻘건 불꽃을 쉼 없
이 토해내는 거대한 저 용광로. 아무리 들이켜도 목
이 쩍쩍 갈라지는 저런 갈증 앞에서는 강물도 바닷물
도 더는 속수무책이다

얽히고설킨 이념의 촛불들이 가시덤불처럼 어지러운
한여름
오늘도 광화문에서 길을 잃었다.

신문을 보며

오직 자기의 이름을 위하고
평생 이익만을 탐한다면
비록 백 년을 산다 해도
모두가 다 헛된 목숨

눈 아프게
귀 따갑게
언론을 장식해대는
'뇌물수수', '부정의혹'의 공방전
한 때는 고고한 척
학처럼 우아한 척
이슬만 먹고 사는 척…
그런데 알고 보니
이곳저곳에서 순전히 검은 것을 먹었다니!

야릇한 미소, 기묘한 눈빛 속에 감춰진
사람 속 참과 거짓, 굽고 곧음을
어느 누가 능히 분별해 낼 수 있을는지

길고 짧은 남의 흉을 혀[舌] 가 말할 때
누군가도
얕고 깊은 내 허물 말했을 것이다.

동창모임

가을볕 유난히 핼쑥한 날
단풍잎만한 유리창이 옹기종기 달린
성북동 어느 찻집
단발머리 새까맣던 여고동창들이
수십 년 만에 모였다

탈출할 비상구가 없어도
마냥 환호성을 질러대던
무모한 방식의 시퍼런 오기,
한 옥타브씩 높던 그 목청들은 어디로 갔는지…

팽팽하던 얼굴은 자글자글한 눈매로
빼빼마른 몸피는 한 아름의 넉넉함으로-

이제는 마음 열고 길도 열어
아득한 추억의 강물을 더듬어보는
서툰 시간의 언저리

잠깐 지나왔을 뿐인데
어느 결에 소복소복
머리마다 내려앉은 서릿발
저녁연기처럼 흩날린다.

부재중(不在中)

아침에 눈을 뜨면 천지 가득 주저앉은 낙엽들, 설악의 단풍은 화염(火焰) 속 같이 활활 타오르고 있습니다. 그대! 이 산을 떠난 지 벌써 여러 해, 몸은 이미 재처럼 식었겠지요. 그러나 내 마음은 학처럼 여위어 혼자 부질없이 슬퍼합니다.

그대 머문 자취, 이제 이 산중에는 없지만 내 마음속엔 언제나 음각으로 또렷합니다. 힘들어했던 세상, 어지러운 일들은 이제는 꿈에도 꾸지 말고 다만 선정(禪定), 그 황홀한 기쁨에 들어 푸른 산의 푸른 기운 흠뻑 들이키세요.

먼 훗날,
이 산중에서 우리 다시 만나거든
흰 구름 띄운 솔바람 차 한 잔 나눕시다.
안녕! 그대여.

4

어떤 해법(解法)

어떤 해법(解法)

스스로 매단 돌덩이
스스로 내려놓지 못 한다면
높고 푸른 하늘아래서도
피멍 든 것 같은 세상살이

내 마음에 한 점 티끌 없다면
하늘위의 하늘같이
밝고 투명한 한 생애

'모든 업은 스스로 짓고
스스로 받는 것'

간단한 그 해법 모르는 사람
밝은 햇빛아래서도
온 종일 태양 찾아
천 리, 만 리를 헤매고 있네.

빚

깨끗해 티 없이
내 마음 하나 잘 가꾸면
세상은 온통 향기 나는 꽃밭이지만

먹구름 속 흙비처럼
내 마음 한 번 잘못 쓰면
수많은 사람들의 가슴에
쾅! 쾅! 박는 대 못질

참으로 알 수 없어라
악마의 마음에
양의 탈을 쓴 얼굴로도
진정 부끄러워할 줄 모르다니…

그러나
진 빚 있으면
그 빚은 원래 제가 갚아야 하는 법.

꽃밭에서

한 평생 부지런히
꽃밭을 가꾸는 사람

한 평생 하릴없이
남이 가꾼 꽃을 꺾는 사람

가꾸고 꺾는 그 행위 속에
하늘 닿는 업의 파도
그 묘한 경계 아는 사람
몇이나 있을까

저밀 듯 푸른 하늘
오늘도 뼛속 깊이
헹궈내는 내 마음.

뱀에게 · 1

죄 없는 사람 덥석 물어놓고
수없이 날름거리는 저 혓바닥
죄수복보다 더 푸른 하늘이
무섭지도 않은가봐

힘써 마음 닦으면 하늘 길도 열리지만
지금의 그 어리석음 뉘우치지 못한다면
죽은 뒤에도 그 허물 그대로 있으리니

내생(來生)에는 부디 징그러운 그 몸 벗고
당당하고 떳떳하게
사람의 길 가거라.

뱀에게 · 2

몸은 한껏 낮추어 바닥을 기는데
마음은
무슨 원(冤)과 한(恨)을 품었기에
닥치는 대로 물어뜯는다

밝은 대낮이 두려워
차가운 땅속으로, 땅속으로 파고들며
평생을 끝내 말은 삼가고
두 개의 혀로 끊임없이 날름대는
가증스런 저 혓바닥

상대가 어떤 것인지
누구인지는 전혀 관심이 없다
오직 차가운 심장으로
독을 품은 그 마음으로
징그러운 관능의 몸짓으로
작전세력도 없이 혼자서
온갖 음흉하고 간교한 교태를 부린다

제발 원하노니
이제부터라도 음습한 그곳 벗어나
참회, 또 참회의 허물 벗거라.

의문부호

봄은 초록을 풀어 천지는 풀빛인데
안개도 아니면서
온 종일 오리무중 속에 갇혀있다

아무리 생각에 생각을 거듭해도
끝내 남아있는 의문부호
사그라지지 않는 그 불씨
무채색의 시간 속에 침묵만 깊다

4월 푸른 한낮
지그시 눈을 감고
먹 울음을 삼킨다.

궁금하고 궁금하다

산이 아무리 높다고 해도
깎아내려 평평하게 만들 수 있고

바다가 아무리 깊다고 해도
메우고 메워서 육지를 만들 수 있고

지구가 아무리 크고 둥글다 해도
그 넓이와 길이를 알 수 있다는데…

그런데
참으로 알 수 없어라
한 뼘도 못 되는 사람의 그 마음.

입장을 바꿔봐

자기생각만 옳다고
끝까지 주장하는 사람
그 입속에 칼이 있는 줄 모르고
상대방을 마구 찔러댄다

자기만 양심 있고 의리 있는 사람이라며
온전히 착각하는 사람
그 입속에 도끼가 있는 줄 모르고
상대방을 마구 찍어댄다

그렇지만 나는
8월의 뜨거운 하늘에
설령 흰 눈이 내리더라도
그를 위해
아침저녁 열심히 향을 피우리.

길은 아직 멀어

밝은 햇살 아래서는
모든 것이 다 빛나 보인다

그러나
진정, 진정으로
빛나지 않는 것도 있구나

온종일
투명한 시선아래 놓인
한 덩이 오물 같은
추한 목숨의 저 내력

길은 아직 먼데
어느새 해는 지고 말았으니…

가여워라
지나온 한 생애가
온통 티끌로 뒤덮였구나.

모기

제 힘이 원래 약하다는 것을 모르고
아무에게나 덤벼들어 피를 빨아댄다
그런데 너무 많이 빨아
제대로 날지를 못하다니.

부디 남의 소중한 것
함부로 탐하지 말라
먼 훗날에 반드시
그 과보 있으리니.

천둥소리 듣는 밤

느닷없이
마른하늘이 쩍쩍 갈라집니다
세상을 다 집어삼킬 듯
천둥과 번개가 희번득입니다

사람이 사람의 품성을 잃어버리면
누더기 업보만이 덕지덕지
그림자처럼 따라 다니는 법

조물주는 원래
다 같은 사람으로 빚었지만
곱고 추함은 반드시 있는 것

무한한 그 속뜻 진정으로 아는 사람
허공을 찢는 저 소리에도 단정히 앉아
중모리 장단을 듣습니다.

아픈 세밑

저밀 듯 에이는 세밑 추위
도심의 상점들마다 굳게 내질린 빗장
오가는 사람은 드물고
하루 종일 뉴스만 끓어댄다

꼬리에 꼬리를 무는
어린 여자아이 추행범 소식
숨통이 죄어오고
온 몸의 털끝이 칼끝처럼 쭈뼛 선다

사람의 몸에 악마의 마음이면
그 어떤 형상의 동물인지
알고 싶은 그의 정체

이미 사람의 몸 받았거든
부디 그 성품 이지러지게 하지 마라

사람마다 가지고 있는 영롱한 구슬
숨소리 가다듬고 공들여 매만지면
누구나 밝고 밝은 둥근 부처되리니.

허물

마음에 모가 난 사람은
온 세상이 다 모나 보이고
마음이 둥근 사람은
온 세상이 다 둥글게 보인다고 했던가.

낮밤을 쉴 새 없이
천지를 헤매고 돌아다녀도
제 허물 스스로 알지 못한다면
한평생 오리무중
험난한 진흙탕 속
갈 길은 더욱 멀어질 뿐…

어느 생에서
그 업의 누더기 알아 챌 수 있을는지.

5

혼자서 간직하는 것

아름다운 사랑

'아름다운 사랑을 오래 간직하는 것'

지상의 모든 사람들이 다
이런 사랑을 바랄 것이다.
그러나 대부분의 사람들은
'노력'이라는 힘든 과정은 거치지 않고
짧은 시간에 좋은 결과만을 얻고 싶어 한다.

'아름다운 사랑을 오래 간직하는 것'

결국 서로에게 신뢰를 저버리지 않고
마음 하나를 제대로 바치는데 있다는-
단순한 그것을 모르고 있을 뿐이다.

허물어진 집

—용기

헐린 집이나 허물어진 건물을 보고 있으면
마치 실패한 인생의 한 부분을 보는 것 같아
마음이 씁쓸해진다.

허물어진 집이든 무너진 인생이든
다시 세울 수 있는 것은
결국 '용기'라는 그 마음 하나다.

그러나 그 용기는
또 다른 인내를 요구하는 것이어서
누구나, 아무나 쉽게 할 수 있는 것은 아니다.

젓가락

젓가락은 두 개가 하나일 때,
제 구실을 할 수 있습니다.
그 중 하나가 없다면
다른 하나도 쓸모가 없습니다.

누구든 항상 가까이 있을 때는
그 존재의 고마움을 모릅니다.
그러나 그 자리가 비었을 때,
비로소 그의 존재를 크게 깨닫게 됩니다.

한 쌍의 젓가락,
어쩌면 지구도 들어 올릴 수 있는
커다란 힘입니다.

가시

나무나 풀의 가시는 사람을 찔러서 아프게 한다.
그리고 상처를 내서 피를 흘리게 한다.
비록 눈에 보이지는 않지만 사람도 그런 가시를 지니고 있다.

입을 통해 나오는 '가시 돋친 말'
눈빛을 통해 나오는 '눈엣가시'
지극히 사소해 보이지만
끝없이 상대를 괴롭히는 '손톱 밑 가시'

높은 자리, 좋은 자리 서로 탐하다 보면
그 자리가 바로 '가시방석'이 된다.

부디 그 가시 함부로 내밀지 마라.
한 생애가 위태롭다.

누가 그 음식을 먹겠느냐?

매사에 불만을 터트리며
남을 비방만 하는 사람이 있었습니다.
마을 사람들은 그를 보면 슬슬 피해 다녔습니다.
이런 소문을 들은 스승이 어느 날 그를 불러,
이렇게 물었습니다.

"네가 맛있는 음식을 가득 장만해 놓고 손님을 초대했다. 그런데 초대된 손님이 음식을 먹지 않고 그대로 돌아간다면 그 음식을 어떻게 하겠느냐?"

"그야 당연히 저와 집안 식구들이 다 먹어야지요."

"그래, 그것과 마찬가지다. 네가 아무리 남을 헐뜯고 비방해도 상대방이 그것을 먹지 않는다면 너와 네 가족이 고스란히 먹게 되느니라."

숲을 보지 말고 나무를 보라

멀리서 숲을 바라보면 한껏 푸르러고 울창해 보인다.
그러나 가까이 가서 보면
쭉쭉 뻗어 곧고 바르게 자란 나무, 휘어진 나무,
죽은 나무, 덩굴에 얽힌 나무…
온갖 나무들이 한데 어우러져 있다.
만약 당신이 목수라면 어떤 나무를 선택하겠는가?

사람도 마찬가지다.
겉모습만을 보고 판단하지 말고
진정한 내면을 들여다 볼 줄 알아야 한다.

숲을 보지 말고 나무를 보라.

경건한 일상

'생명' 또는 '목숨'이라는 것을 바로 눈앞에 두고 있으면
인간은 한없이 경건해지고 선해진다.
'행복', '명예', '성공', '사랑', '욕망', '돈'…,
어쩌면 삶에서의 최고가치(?)를 지니고 있는 것 같은 이런 단어들이
'생명', '목숨'이라는 단어 앞에서는
한갓 부질없고 아무런 의미도 없는
하나의 허상에 불과할 뿐이다.

'살아있음의 감동'
그 하나만으로도
인간은 최고의 가치를 지니고 있다.

가슴을 적시는 샘물

무성한 숲만이 온갖 새들을 다 품을 수 있습니다.
굳게 가슴을 닫고 사는 사람들,
그들은 남에게 사랑을 줄줄도
받을 줄도 모릅니다.

따스함이 없는 가슴을 한 번 상상해 보십시오.
마치 끝없는 사막을 걸어가는 것처럼
목마르고 힘겨울 것입니다.

작은 실개천 하나가 넓은 초원을 두루 적시듯,
지치고 힘든 나그네에게 한 모금의 샘물은
곧 생명의 근원이 됩니다.

따스한 마음은 세상의 가슴을 적시는 샘물입니다.

사람의 향기

겉보기에 볼품은 없어도
맛과 향이 뛰어난 과일이 있는가 하면,
보기에는 먹음직스러워 보이지만
맛이 별로거나 향이 고약한 과일도 있다.

사람도 마찬가지다
겉모습이 소박하면서도
오래오래 은은한 향기가 나는 사람이 있는가 하면
겉모습은 매우 그럴 듯 해보이지만
알면 알수록 실망을 거듭하는 경우도 있다.

예술가

깊은 고뇌, 깊은 외로움, 깊은 고독, 깊은 슬픔, 아픈
사랑…,
이런 감정에 오래 길들여져서 터져 나오는
'속울음' –

그것이 사람을 울리는 시가 되고,
영혼을 사로잡는 그림이 되고
천상의 음악이 되는 것이다.

마음먹기

어떤 일에 힘든 결정이나 판단을 내려야 할
경우가 있습니다.
'모든 것은 마음먹기에 달렸다'
어쩌면 가장 쉽고, 누구나 할 수 있는
평범한 말인지도 모릅니다.
그러나 우리가 잠깐 먹는 그 '마음먹기'에 따라
결과는 엄청나게 달라질 수도 있습니다.

그렇습니다.
지키기도 힘들지만 억제하기 또한 힘든 것이
'마음'입니다.
'마음을 먹는다.'는 것,
곧 자기 스스로를 잘 다스릴 줄 안다는 말일 것입니다.

흐르는 시간처럼

—사하라 사막

지구상에서 가장 큰 사막은 사하라 사막이다. 이곳의 연 강수량은 20mm이하에 불과하다. 식물도 자라지 않고 사람의 생활도 불가능한, 생명이 전혀 살지 못하는 이 죽음의 땅인 사하라사막도 한때는 울창한 밀림지대였다고 한다. 그 증거로 기원전 400년 경 유목민들이 남긴 동굴벽화에 그 흔적이 선명히 남아있다. 그때는 사하라가 푸르렀다는 것과 농경과 목축생활을 했다는 것을 말한다.

세상에 영원한 것은 아무것도 없다.
모든 것은 시간의 흐름에 따라 바뀌고 변한다. 단지 그것이 오랜 시간이냐 짧은 시간이냐에 따라 다를 뿐이다.

* 사하라 사막 : 동서의 길이 4,500km, 남북의 길이 1,600km. 전체면적 860만㎢로 아프리카 대륙의 4분의 1에 해당하는 면적이다.

혼자서 간직하는 것

누구나 마음만 먹으면
필요한 것은 다 얻을 수 있고,
또한 빌릴 수도 있는 세상이다.
그러나 개개인이 지닌 '마음'만은
절대로
빌릴 수도, 돈으로 살 수도 없다.

죽는 그날까지
아니 죽음 저 너머까지
오직 혼자서만 지니고 간직하는 것,
그것이 '마음'이다

비밀

원숭이의 유전인자 99%는 사람과 같고
사람의 유전인자 99%는 쥐와 같다고 한다.
그렇지만 어느 누구도 그들을
사람과 동일하게 생각지는 않는다.
그것은 나머지 1%의 비밀에 있기 때문이다.
그 1%의 유전인자로 인해
'사람'과 '동물'이라는 절대불변의 등식이 성립되는
것이다.

비록 작고 하찮아보일지 모르지만
이 1%가 전체를 결정하는 큰 요소가 되는 것이다.

성형수술

시베리아에 있는 바이칼 호수는
지구상에서 가장 크고 오래된 호수일 뿐 아니라
수심 또한 가장 깊은 호수다.

이 호수도 겨울이면 꽁꽁 얼어붙어
그 위로 길이 생기면서
또 다른 지도가 만들어진다고 한다.

그렇지만 그렇게 만들어진 지도를
진짜 지도라고 믿는 사람은 아무도 없다.
얼음이 녹으면 다시 호수가 되기 때문이다.

아무리 정교한 솜씨의 성형으로
감쪽같이 미인을 만들었다고 하자.
그렇지만 미(美)·추(醜)를 결정하는
그 유전인자만은
절대 변하지 않는다는 사실이다.

과연 이런 비밀을
풀 수 있는 그대는 누구인가?

* 바이칼 호수 : 시베리아 남동쪽에 위치해 있으며, 약 2천 5백만~3천만 년 전에 생성된 것으로 추정하고 있다. 지구상에서 가장 깊은 수심(1,742m), 가장 넓은 면적(둘레 2,200km)을 가진 호수다.

가시나무이거나 꽃나무이거나…

가시가 없는 나무는 대개 한 아름 이상으로 크게 자라지만, 가시가 많이 달린 나무는 한 아름될 만큼 자라지 않는다.

크고 우람한 나무는 대개 집의 대들보로 쓰이거나 그 밖의 다양한 용도로 두루 쓰인다. 그러나 탱자나무, 찔레나무, 명자나무, 엄나무, 아카시나무, 장미 나무… 등이 다양한 용도로 두루 쓰이는 경우는 극히 드물다.

사람도 마찬가지다.
인품이나 성격이 원만한 사람은 적재적소에서 꼭 필요한 사람으로 쓰일 수 있지만, 가시가 많고 모가 많은 사람은 누구나 다 꺼리게 된다.

삶의 본질에 대한 사유와 자아의 성찰

권달웅 / 시인

『눈부신 동행』은 김영희(金映希) 시인의 네 번째 시집이다. 그는 그 동안 서정을 바탕에 둔 균질한 형태의 시를 지속적으로 써왔다. 조용하면서도 격조 있는 특유의 어조로, 작품 활동을 해온 지가 꽤 오래 되었다. 그는 '절벽에 피어난 달콤한 꽃'처럼 부단하게 자기만의 개성 있는 세계를 펼쳐왔다. 그가 삶의 본질과 자아를 성찰하는 세계를 구축하기 위하여, 얼마나 각고의 노력을 기울여 왔는지는, 이번 시집 서문 '시인의 말'에 잘 나타나 있다.

"사랑은 절벽에 피어난 달콤한 꽃이다. 그 달콤한 꽃을 따기 위해 누구나 절벽에 오를 수는 없다. 다만 죽음을 무릅쓰고라도 기어오를 수 있는 용기, 그런 사람에게만 달콤한 꽃은 주어진다. 진정한 사랑은 그래서 더 값어치가 있는 것이다.

너무 오래 헤매었다. 세 번째 시집 이후 십년 만에 돌아온 옛집, 네 번째의 시집을 엮으면서 그 집에서 마음껏 젖어보는 작은 평화, 소소한 일상들이 고맙고 또 감사하다. 더불어, 그들과 함께 눈부신 동행이 되고 싶다."

그의 시가 '작은 평화나 소소한 일상들'을 노래하면서도, 단순하게 느껴지지 않는 것은 사물의 객관적 묘사나 정감적 토로에만 그치지 않고, 삶의 본질을 사유하며 규명하기 위한 테마로 표현하고 있기 때문이다.

그의 시는 정갈한 서정과 탁마된 언어로 직조되어 있다. 서정은 샘물처럼 맑은 것으로, 시에 생기를 일으키는 원형질이다. 현대시에서 서정은 결코 낡고 감상적인 것이 아니다. 그것은 시 속에 흐르고 있는 근원적인 정서이다. 아치볼드 매클리시는 '시는 둥그런 과일처럼 만질 수도 있고 묵묵해야 한다.'고 하였다.

아무리 현대시라고 해도 서정을 도외시하면, 윤기가 없는 건조한 시가 되어버리고 만다. 서정 속에는 대상을 바라보는 시안(詩眼)과 감각, 사상 등이 모두 용해되어 있다. 서정은 시의 감성을 부여하며, 언어에 신선한 산소를 불어넣어 준다.

김영희 시인은 서정을 밑바탕에 두면서, 사물에 대한 직관을 통해 시를 형상화하고 있다. 그의 시는 시적 자아의 삶을 반영하면서, 삶의 애증과 갈등을 사물에 유추하여 표상하고 있다. 그의 시에는 고단한 삶을 껴안는 따뜻한 체온이 있으며, 일상생활에서 체득한 사소한 경험을 무리 없이 시화(詩化)하고 있어, 친근감을 느끼게 한다.

언제부턴가 남의 집 담벼락을
떡! 하니 차지하고
한 뼘 한 뼘을
그물처럼 얽어가며
끝없이 넓혀가는 저 영역

'세계경제위기'라는 아우성에도
눈 하나 깜짝 않고
순식간에 담벼락을 뒤덮어
거뜬하게 세상을 뛰어넘는 저 수완

시퍼런 그 오기가
마냥 부럽다.

—「담쟁이·1」 전문

이 시에 나타난 시적 화자는 '담쟁이'를 통해 삶의 현장을 확인하고 있다. '담벼락' '한 뼘 한 뼘을 / 그물처럼 얽어가며 / 끝없이 넓혀가는 저 영역'을 보면서 '세상을 뛰어넘는 저 수완'과 '시퍼런 그 오기'를 발견하고 있다. 경험에서 얻은 '담쟁이'를 통해, 현실적 삶의 양식을 통찰해내는 시인의 직관이 매우 이채롭다.

그의 사물에 대한 직관은 작품 「바나나」에서도 잘 나타나고 있다. '집 비워 미처 먹지 못한 바나나 몇 개 / 몇 며칠 그대로 식탁위에 놓여있다 // 사올 때만 해도 / 연노랑, 연초록이 들꽃처럼 환하더니 / 그새 노랗게 변한 온 몸 군데군데 / 수도 없이 돋아난 검은 반점 // 그런데 참 이상하지 / 그 반점 많으면 많을수록 / 속살 가득 향긋하게 / 단물 괴는 저 내력'에서, 그 시선을 감지할 수 있다. 시인의 시선은 연초록, 연노랑이었던 '바나나'가 노랗게 변해 '검은 반점'을 띨 때, '속살 가득 향긋하게 / 단물 괴는 저 내력'의 이치를 통찰해내는 것이다.

쟈끄 마르땡은 그의 저서『시와 미와 창조적 직관』에서 직관은 미감을 얻는 데에 필요한 본질적인 요소라고 말하고 있다. 직관은 단순한 순간적인 느낌만이 아니라, 사물에 대한 종합적 정감과 인식을 동반한다. 왜냐하면 그것은 인간의 의식은 수많은 경험과 정감적 교감에 의해서 창출되기 때문이다. 시의 직관은 시각에 포착된 사물을 새롭게 재구성하여, 내면적으로 응축하여 표상한다.

김영희의 시는 사물을 직관으로 포착해 내는 신선하고 투명한 시선이 있다. 그의 시는 사물의 본질에 대한 물음과 규명이 있어, 모호한 구석이 없다. 사물을 있는 그대로만 묘사하는 것이 아니라, 자아를 통찰하고 확인함과 동시에, 삶의 처세와 예지를 유도해 내고 있다.

출근길에 나와 보니 간밤에 비가 지나갔나 보다. 버려진 플라스틱 통에 고여 있던 빗물이 눈물처럼 흘러내린다. 아파트의 손바닥 만 한 화단, 꽃과 나무들에도 물방울이 얹혀있다. 그래, 이쯤 되니 오는 건 잘 몰라도 가는 건 어느 정도 알아차리겠다. 제 아무리 구구절절 변명을 늘어놓아도 왔다가 가는 것은 꼭 흔적을 남기는 법.

젊음이라는 것
사랑이라는 것
눈물이라는 것
마음이라는 것…

아침 등굣길의 아이들 왁자한 소리가 봄볕에 싱그럽다.

—「흔적·2」 전문

시적 화자는 지나가는 빗방울 하나에도 시선을 주고 있다. 더 이상 보탤 것도 덜어낼 것도 없이 간결한 이 시는 작은 물상들을 통해 생의 의미를 부각하고 있다.

'플라스틱 통', '아파트 화단'의 '꽃과 나무'에 얹힌 물방울들은, 지난날의 '젊음'과 '사랑', '눈물'과 '마음'을 추상하게 하는 물상들이다. 그러면서 '등굣길의 아이들 왁자한 소리'에서 살아 있는 생명력과, 삶의 「흔적」까지 관조해내고 있다.

시의 미감과 직관은 사물에 대한 미세한 시선과 내면의 정신적 합일에 의해서 파악된다. 이것은 어떤 특수한 상태로서, 사물과 내면의 은유적 유추에 의해 재창조된 것이다.

시는 현실적 체험과 상상적 정서가 합일할 때 공감을 준다. 대상은 상상에 의해서 질서화하고, 질서화한 대상은 현실을 살아가는 시적 화자의 삶을 구현한다.

눈부신 태양아래서도
눈 시린 겨울하늘 아래서도
나는 늘 혼자였다

그저 묵묵히
앞으로 앞으로만 나아가는
무소의 뿔처럼
길은 늘 혼자였다

오래 낯익어
숨소리 같은 모국어 하나 의지하여
수없이 매만지고 다듬으며
더듬더듬 걸어가는 길
길은 언제나 미로였다.

—「혼자 가는 길」 전문

평생 시를 쓰며, 고독한 길을 가는 시적 화자는 '늘 혼자'임을 자각한다. 그래서 시인은 삶을 「혼자 가는 길」이라고 규명하며, 질서화 한다. 고독한 삶의 여정을 통해 자아를 성찰한 이 시는 일상에 대한 연민과 반성의 육성이 담겨 있다.

김영희 시인의 시는 담백하다. 그러면서도 세상을 살아가는 삶의 예지를 일깨워주고 있다. 삶의 현장에 대한 직관적 사유와 문명의 질곡에서 살아가는 소시민의 고독과 아픔이 시의 곳곳에서 엿보인다. 그의 시는 의도적 장치라던가, 현란한 수사라던가, 의식적인 언어의 부딪침이 전혀 없어, 난해하지 않다.

신발장을 열면
마치 뾰족 침을 세워 놓은 듯
아슬아슬 간신히 버티고 있는
225mm, 나뭇잎 같은 저 조각배
한 때는 저 위에 몸을 싣고
험한 바다를 거칠 것 없이 휘저었다

아침마다 어깨 펴고 당당히 문밖을 나서면
세상은 마치 부푼 풍선처럼
'자신감' 그 하나만으로도 충분히 아름다웠다

'희망'은 저 멀리 있는 것이 아니라
손만 뻗으면 잡히는 줄 알았다

늙은 사람, 아픈 사람, 돈 없는 사람…
원래 그렇게 태어나는 줄 알았다

하이힐에 올라서서 세상을 내려다보며
순간순간을 ! 로 감탄하던 그 때
세상은 항상 내 편인 줄만 알았다

언제부턴가
도도한 그 이름 다 내려놓고
이제는 신발장 한구석에
얌전히 쪼그려 앉아있는 저 하이힐

지난 날 무모하게 내달렸던
너의 서러움을
이제는 나도 알 것 같다.

—「하이힐을 보며」 전문

시적 화자의 삶을, '신발장 한구석에' '얌전히 쪼그려 앉아있는' '하이힐'에 비유하여 표현한 시이다. '하이힐'을 내 '몸을 싣고' 항해해 온 '조각배'로 인식한 이미지가 아주 참신하다. 이러한 자아와 사물의 등가적(等價的) 유추는 「분갈이를 하며·2」에서도 잘 나타나 있다.

'내 미처 / 너의 속울음을 헤아리지 못했었구나 // 때로 / 마른하늘에 천둥치고 번개 치며 / 가슴 끝 벼랑에서 회오리가 몰아쳐도 / 겉으로는 의연한 척, / 더러는 태연한 척 해야 한다는 걸'에서, '가슴 끝 벼랑'으로 감내해온 '속울음'과 '서러움'의 고통이 '소심'란을 통해 극명하게 투영되어 있다.

김영희의 시는 현대시가 당면하고 있는 관념어의 난무라던가, 또 모호성의 위험을 잘 극복하고 있어, 신뢰감을 준다. 그것은 일상적 경험에서 얻어진 친근한 구어체를 구사하고 있는 언어표현에서도 그렇다. 거기에다 은은하고 정감 있는 어조로, 예사롭지 않은 은유적 표현을 하고 있어, 그의 시의 품격을 한층 더 높이고 있다.

그의 시세계는 또 실제적 정황과 가족사적 배경에서 더욱 애절한 그리움으로 나타난다. 혈육에 대한 그리움의 정서는 '어머니'와 '아버지'를 통해서 더욱 절실하게 투영되어 있다. 「아버지 생각·4」에서는 '꽃비'를 보면서 '서역 그 어디쯤, 아버지 계신 나라로 / 미칠 듯, 미칠 듯이 뛰어갑니다.'고 절절하게 표현했다.

「엄마 생각」에서는 '평생을 청맹과니처럼 / 가슴

다 비우고' '눈 먼 듯, 귀 먹은 듯, 말 못하는 벙어린 듯', 어머니를 '돌장승'에 비유한 이미지가 그리움의 정서를 더하고 있다.

김영의 시인의 시는 삶의 현장을 관찰하고 사유하면서, 과거와 현재의 삶을 대비하여 그 갈등과 애증을 다시 확인하고 있다. 그는 현실적 삶을 감내하고 극복하기 위하여, 자기 응시와 반성을 기도해 보기도 한다.

그는 때로 '음악에 기대어' 현실적 아득함과 그 속에서 겪는 자아의 아픔을 달랜다. 이러한 위안은 '낮달 걸린 빈 하늘 / 하염없이 쳐다본다.'는 「하늘 위의 하늘」처럼 심안의 세계로 확대하여 나타나고 있다.

낮달 걸린 빈 하늘
하염없이 쳐다본다.

마른하늘에 더러 천둥으로 울고 번개로 내리치던 두렵고 막막한 그 시간들. 그러나 어느 곳에도 내 편은 없었다. 세상 천지에 좋은 말, 옳은 말, 달콤한 말은 홍수처럼 넘쳤지만 서느런 외로움은 혼자서 깊은 골짜기를 이루었다.

한때 활시위처럼 팽팽하던 오기도 이제는 반쯤은 체념하고, 헤아릴 수도 없는 아득한 낮과 밤을 시린 손으로 오직 너만을 부둥켜안고 언제부턴가 나는 너를 가장(家長)처럼 기대어 살았다

아무래도 너는
내 하늘 위의 하늘이었다.

—「하늘 위의 하늘」 전문

시적 화자는 삶의 고통을, 마른하늘에 치는 '천둥'과 '번개'라는 표현을 써 은유적으로 표출하고 있다. '어느 곳에도 내 편이 없었다.'는 현실적 아득함 속에서 듣는 음악은 '하늘 위의 하늘'과 같은 위안이 될 수밖에 없다.

세상에는 '좋은 말' '옳은 말' '달콤한 말'들이 '홍수처럼 넘치'지만 그런 것에 휩쓸리지 않고 '혼자'서 음악을 '부둥켜안고', 더러는 '가장처럼 기대어' 살아가고 있는 내면적 괴리감은 또 하나의 세계인 '하늘'과 중첩되어 있다.

김영희 시인이 추구하는 내면세계가 같은 의미를 느끼게 하는 사물과 연관되어 있는 추상력은 그의 장점이자 미덕이다. 그의 이런 참신한 상상력과 효과적 표현은 세상에 대한 인식과 함께 항상 새로운 의미의

지평을 열어준다.

이러한 세계에 대한 인식과 추상은 그의 시 「목탁 소리 들리는 집·2」에서도 다시 확인된다. 시적 화자는 '목탁소리'를 들으면서 '날마다 서걱대는 내 안의 갈대밭'을 인식하고, '뜨거운 눈물의 사막'과 '깊고 깊은 속울음의 강'을 회오(悔悟)하는 것이다

이따금 그의 시는 명상적인 경구(經句)를 떠올린다. 명상적인 이런 경구들은 세상을 살아가는 인간의 보편적 정서와 교훈을 그 속에 담고 있기 때문이다. 그는 '꽃밭을 가꾸는 사람'을 보면서 자연의 섭리를 깨닫고, 삶의 궤적을 반추하여 보기도 한다.

한 평생 부지런히
꽃밭을 가꾸는 사람

한 평생 하릴없이
남이 가꾼 꽃을 꺾는 사람

가꾸고 꺾는 그 행위 속에
하늘 닿는 업의 파도
그 묘한 경계 아는 사람
몇이나 있을까

저밀 듯 푸른 저 하늘
오늘도 뼛속 깊이
헹궈내는 내 마음.

—「꽃밭에서」 전문

이 시에 투영되어 있는 시정신은 '꽃밭을 가꾸는 사람'과 '남이 가꾼 꽃을 꺾는 사람'의 상반된 행위에 대비되어 있다. '가꾸고 꺾는 그 행위 속에', '묘한 경계'가 있다. 시적 화자는 이러한 삶의 경계선상에 서서 '내 마음'을 '헹궈내는' 행위를 하고 있다. 이러한 자의식은 존재의 본질을 탐구하고, 자아를 성찰하려는 시인 정신에서 비롯된다.

「젓가락」이란 작품에서는 '젓가락'은 '두 개가 하나일 때' 비로소 그 존재가치가 있다는 경구를 떠올리게 한다. 삶은 '누구든 항상 가까이 있을 때는 / 그 존재의 고마움을 모르다'가, 그 자리기 비었을 때 / 비로소 그의 존재를 크게 깨닫게' 되는 이치를 터득하는 것이다.

하나로 합일된 삶의 이치는 「파를 다듬으며」에서도 동일한 양상으로 나타난다. '두 사람이 서로 엉기고 엉겨 / 파뿌리처럼 되라는 것인지 / 그도 아니면 / 서로 엉기다 보면 파뿌리처럼 된다는 것인지… / 아직도 알 수 없는 그 말의 정체 // 파를 다듬는데 / 서럽지도 않은데 자꾸 눈물이 난다.'에서 알 수 있다. 시적 화자는 파를 다듬으며 '검은머리가 파뿌리 될 때까지'라는 '말의 정체'를 되새겨봄으로써, 삶의 섭리를 다시 인식하게 되는 것이다.

그런가 하면 김영희 시인은 현실과 시대적 상황의 어두움을 반영하기도 한다. 옥타비오 파스는 시는 세상을 울려내는 소라고둥 소리라고 하였다. 시는 이 시대를 살아가는 사람들의 진솔한 목소리이며, 그 시대를 바라보는 시적 화자의 시정신이라고 할 수 있다.

여름 내내
광화문 광장을 달구고 있는 촛불시위
수없는 날들을
목이 터져라 외쳐대는 저 목청들

남녀노소도 모자라 유모차에 탄 아기까지
낮밤을 가리지 않고
치열하게 내뿜는 불꽃같은 저 아우성
누구를 위한 염원이 저토록 절절한지…

해는 저물고

누렇게 뜬 얼굴들이
오늘도 갈 길 잃고 헤매는
서울의 한여름
광화문 광장.

—「길을 잃다·1」 전문

이 시에서 시적 화자는 '광화문 광장'에서 '촛불시위' 하는 현장을 목격하면서, '갈 길 잃고' 헤매고 있다. 현실을 비판하면서도 혼탁한 삶으로부터 벗어나고자 하는 삶의 자세가 반영되어 있다.

이러한 현실비판적인 시는 「아픈 세밑」에서도 투영되어 있다. '하루 종일 꼬리에 꼬리를 무는 / 어린 여자아이 추행범 소식 / 숨통이 죄어오고 / 온 몸의 털끝이 칼끝처럼 쭈뼛 선다.'고 현실을 개탄하고 있다. 현실의식은 자신의 삶과, 또 그 시대 상황에서 유래되는 것으로, 괴로움이 크면 클수록, 더욱 강렬하게 나타나게 된다.

김영희 시인의 이번 시집 「눈부신 동행」에 나타난 시세계는 진솔한 삶과 인간성 탐구에 있으며, 잃어버린 자기회복과 자아의 재발견에 시점을 두고 있다.

그의 시세계는 크게 두 가지로 요약할 수 있다. 그

하나는 삶의 본질에 대한 물음과 자아 성찰이라면, 다른 하나는 현대인들의 존재양식과 사회현실에 대한 인식이라고 볼 수 있다.

그의 시선은 끊임없이 삶의 궤적과 현실의 삶을 관찰한다. 일상적 경험을 통해서는 연민과 반성의 육성을 들려주며, 사회적 현실을 통해서는 예지와 교훈을 깨닫게 한다.

김영희 시인만이 지닌 이러한 시세계는 앞으로 더욱 그 사유와 깊이를 더해 갈 것이다.

눈부신 동행

지은이 / 金映希

펴낸이 / 金映希

펴낸곳 / 도서출판 土房

2014년 6월 15일 초판 1쇄 발행

등록 1991. 2.20. 제6-514호

136-825

서울특별시 성북구 성북로 22-1 3층

전화 766-2500, 747-4588

팩시밀리 747-9600

e-mail/ tobang2003@hanmail.net

ISBN 978-89-87066-94-3 03810